L'éveil à l'amour

du tout petit

St-PAUL EDITIONS RELIGIEUSES

82, rue Bonaparte - 75006 Paris

Dans la même Collection :

Les chemins de lumière chez l'enfant, 1994, 32 p.
Le temps des forces vives chez l'adolescent, 1994, 44 p.
Une nouvelle maturité chez nos aînés, 1994, 32 p.
Le Quart d'heure de prière, 1994, 32 p.
Pour une vraie joie – les béatitudes, 1994, 44 p.

© 2008, St-PAUL EDITIONS RELIGIEUSES
ISBN : 978-2-35117-034-2

Nihil Obstat : Edward D. O'CONNOR csc, le 11 mai 1994
Nicolas-Jean SED o.p., le 22 mai 1994

Imprimi potest : Eric de CLERMONT-TONNERRE o.p.,
le 24 mai 1994

Père Thomas PHILIPPE o.p.

L'ÉVEIL À L'AMOUR

du tout-petit

ST-PAUL EDITIONS RELIGIEUSES

Ce texte a été publié pour la première fois à la Ferme de la Communauté de L'Arche (Trosly-Breuil) en 1977 et fut rédigé par le Père Thomas PHILIPPE en 1965. Il a été enrichi par des extraits de cours donnés par l'auteur, dans l'année 1972-73, sur le thème des Ages de la vie. Ces extraits sont repris des notes des auditeurs.

A la source de la conscience humaine

L'homme adulte se distingue de l'animal par sa raison et son libre-arbitre : il est un « animal raisonnable et libre ». Mais ces caractéristiques spécifiques de l'homme s'enracinent en une différence plus radicale, qui dès la naissance, distingue profondément la psychologie de l'enfant de celle des petits des animaux : à la source de la conscience humaine, constituant, inspirant et animant cette source même, c'est une conscience d'amour qui apparaît dès les premières relations du tout-petit avec sa maman, et non pas des instincts de vie comme chez l'animal.

Physiologiquement, le petit de l'homme naît avant terme, tandis que le petit animal, comme par exemple l'agneau ou le petit veau, naît habituellement quand son corps est assez structuré et assez fort pour avoir immédiatement une vie stimulée par ses instincts. Dès ce tout premier âge, les instincts du petit animal peuvent mouvoir son corps et lui permettre de s'en servir d'une façon autonome et efficace. Le tout-petit de l'homme, lui, naît avec un corps d'une faiblesse extrême, son ossature n'est pas encore affermie, tout est encore à l'état de cartilage.

Grâce à cette faiblesse extrême, ce corps, qui ne peut se mouvoir par lui-même, est d'une souplesse extraordinaire et rend ce petit être si chétif tout dépendant des autres, en sa vie physique elle-même. A la différence du petit animal, le tout-petit de l'homme ne peut pas se déplacer pour aller prendre le sein de sa maman ou pour ses besoins naturels. Il est incapable de vivre par lui-même, incapable d'exercer tout seul ses fonctions vitales primordiales. Il faut que sa maman le prenne pour le nourrir, qu'elle le lave et l'aide même à respirer : une plante sera capable de pousser en contournant un obstacle, alors qu'un bébé peut mourir étouffé, faute d'avoir pu se retourner dans son berceau...

Le tout petit enfant est tout dépendant de sa mère. Avant d'avoir une vie proprement animale au plan de l'instinct et de l'imagination, sa vie toute végétative et physique est déjà consciente d'une façon humaine, grâce à une conscience d'amour vécue dans cette extrême dépendance entre lui et sa mère. C'est la grande différence entre le tout-petit de l'homme et le petit animal : dès sa naissance, le petit animal se guide d'après son instinct ; si on lui tend du lait, il le flairera toujours avant de le prendre. Le petit enfant, même beaucoup plus grand, est avant tout un être de confiance : il prend sans se méfier ce qu'on lui donne.

Nous savons bien maintenant l'importance de la conception et des neuf mois de l'embryon sur toute la vie de la personne. Le cœur du tout-petit s'éveille dès ce moment-là, dans cette intimité unique avec sa mère. La naissance du cœur et de la conscience d'amour précède et enveloppe la naissance des instincts de vie. Il n'y a pas d'ailleurs en l'homme un instinct de vie unique, qui serait à l'origine de l'unité de sa vie consciente. Ses instincts de vie les plus fonciers sont multiples et seront à l'origine du « moi » et du « sur-moi », par l'imagination et l'agressivité qui les organiseront de façon plus ou moins artificielle. Mais le vrai fondement de la personne humaine, de l'unité et de la continuité de sa vie consciente est plus profond : il est enraciné en sa chair même, grâce à cette toute première conscience d'amour qui naît et se développe dans les premiers contacts du tout-petit enfant avec sa mère.

L'homme « à l'image de Dieu »

La grande faiblesse de Freud, au plan philosophique, fut d'admettre deux instincts, l'instinct de vie et l'instinct de mort, et de penser que finalement c'est l'instinct de mort qui l'emporte. Dire que tout s'achève par la mort est comme l'aveu d'une défaite ; c'est finalement considérer que la vie est absurde.

Nous pensons au contraire que la conscience d'amour est ce qu'il y a de premier en nous. Mais comment, c'est un mystère, un mystère immense qui repose au fond de chaque homme, le mystère de la naissance de notre cœur. La psychanalyse et la psychologie ne pourront jamais réussir à découvrir le premier sentiment de notre conscience. Nous n'arriverons jamais, humainement, à avoir conscience de la naissance de notre conscience. Il est donc très important de voir qu'il y a en nous un premier amour qui vient directement de Dieu.

Pour saint Thomas, comme pour tous les grands théologiens, puisque c'est Dieu qui crée l'âme en l'homme, c'est lui nécessairement qui lui donne le premier mouvement. La première motion de la conscience humaine doit donc venir de Dieu. C'est une motion inspiratrice, une motion intérieure d'amour : Dieu nous attire à lui et par là même unifie nos facultés, unit le petit enfant avec sa maman, l'insère dans l'univers comme une partie dans un ensemble, et cela par une conscience d'amour.

Dans notre psychologie humaine, nous avons donc le sens de l'intériorité avant le sens de l'extériorité. C'est capital car la mise en lumière de cette intériorité est une des découvertes les plus intéressantes de la pensée actuelle, et nous pouvons donc par là rejoindre beaucoup de nos contemporains.

La Genèse nous dit que Dieu crée l'homme à son image. Il le crée « en creux » pour pouvoir se communiquer à lui. L'homme en effet a une sorte de capacité pour recevoir le don de Dieu, et cela grâce à la matière en grande partie, mais une matière qui devient consciente et aimante grâce à son esprit, cette matière dans laquelle Dieu peut s'imprimer, par où l'homme peut être en communion avec Dieu se révélant à lui de Personne à personne. L'expression *image de Dieu* prend alors un sens très profond, le sens que lui donnera saint Thomas quand il parle de la ressemblance surnaturelle : ce n'est pas une image formelle, c'est une image « en creux », en passivité aimante, en capacité. Nous sommes à l'image de Dieu par notre cœur, précisément par cette conscience d'amour.

Nous comprenons mieux alors pourquoi Dieu a créé l'homme de telle manière qu'il ne puisse pas vivre seul ; le tout petit enfant qui vient de naître a un besoin vital de l'amour de sa maman. Sa conscience d'amour, qui sera ensuite surnaturalisée par la grâce, se développe tout naturellement dans les rapports de confiance qui existent entre eux deux. Mais si nous nous séparons de Freud, qui ne considère que l'instinct, nous devons cependant bien distinguer ce premier amour, naturel, de l'amour surnaturel, qui seul atteint Dieu directement.

Le rôle de la mère

La conscience d'amour du tout petit enfant, nous venons de le voir, ne peut se développer que s'il est en contact avec une autre personne : la personne de sa maman, bien sûr, ou de ses « substituts », c'est-à-dire les personnes qui peuvent tenir son rôle. Le sujet prend conscience dans son union même avec une autre personne. C'est ce qui distingue la conscience d'amour de la conscience instinctive individuelle, ou de la conscience de raison, où le sujet ramène tout à lui dans l'attitude sujet-objet, où le sujet réfléchit avec lui-même ou sur lui-même, dans une sorte de dialogue avec ses objets ou ses représentations. La conscience d'amour du tout-petit est constituée par des relations personnelles. C'est pourquoi le tout-petit a tant besoin d'être aimé et traité avec amour.

A ce premier stade de la vie, il n'y a pas de place pour la haine et le ressentiment, mais seulement pour l'amour ou l'angoisse. La haine et le ressentiment sont les contraires de l'amour, ils supposent un « moi » capable de révolte, capable de se retourner lui-même contre les personnes qui s'opposent à son amour. Ils s'accompagnent de colère. L'angoisse est seulement la privation de l'amour. Ou le tout-petit est dans la joie et la paix, communiant avec les autres dans l'amour, ou il est dans l'angoisse et les larmes, car il se sent abandonné. Il est trop petit pour pouvoir lutter. Ses larmes peuvent parfois, par leur excès, donner l'impression de la révolte, mais elles sont en réalité le signe d'une angoisse extrême, qui ne peut s'exprimer que par un déchaînement désordonné de toutes ses forces de vie.

Pour ne pas être foncièrement angoissé, le tout-petit a besoin d'une maman qui soit non seulement vigilante, éclairée et généreuse pour lui donner tous les soins physiques nécessaires à son extrême faiblesse, mais qui soit encore plus aimante pour les lui donner avec cœur. Comme on a pu le dire si justement, le tout-petit de l'homme a encore plus besoin d'amour que de nourriture et d'hygiène. Une femme excellente technicienne en puériculture et même très généreuse dans ses activités, mais sans délicatesse de cœur et sans douceur, froide et raide dans ses gestes, blessera pour la vie peut-être le cœur du tout-petit infiniment doux.

La maman intervient normalement comme servante de la nature. C'est elle qui apprend à son tout-petit à s'insérer avec amour et non avec crainte et en tremblant dans le milieu où il doit vivre. Selon la vigilance de la mère, ce milieu, son berceau d'abord, puis la pièce où il est tenu et enfin la maison, sera doux ou froid, frais et stimulant ou trop amollissant, calme ou bruyant...

Les premières connaissances du tout-petit

1. L'air. Comme premier élément universel, l'air constitue le « milieu » par excellence où le tout petit enfant est entré à sa naissance, dès sa première respiration, dès son premier mouvement de vie hors du sein maternel. C'est ce milieu vaste et enveloppant qui va ouvrir son cœur et lui donner un sens de la liberté en même temps que de l'unité enraciné dans la profondeur même de cette conscience d'amour fondamentale.

Ainsi le tout petit enfant a le sens de l'union avant d'avoir le sens de la division - celle-ci n'apparaissant qu'avec le « moi », avec le sens de l'extériorité. Il a le sens de l'union avec sa maman par cet air qui les enveloppe tous deux, cet air qui est l'élément d'union permettant aux personnes de communiquer les unes avec les autres, cet air qui forme un milieu.

Par l'air donc, le tout petit enfant fait ses premières expériences de paix et de liberté, mais aussi de trouble et d'angoisse, quand il respire mal, quand il étouffe et se sent comme prisonnier. Certaines angoisses peuvent venir tout simplement de ce qu'on a très mal respiré quand on était tout-petit ! Le tout-petit peut éprouver une véritable angoisse de ne plus pouvoir respirer, surtout si on ne soucie pas de lui à ce moment-là et si on le laisse s'étrangler dans son berceau.

L'angoisse et le trouble, il faut le noter, sont bien antérieurs en nous à la guerre et à l'hostilité, et Dieu pourra s'en servir : il pourra y avoir des grâces d'angoisse. L'angoisse n'est pas nécessairement négative, elle ne provient pas seulement de notre « moi ».

Dans sa sagesse, Dieu a tout disposé pour que le tout-petit prenne conscience de l'air, de façon implicite mais tout à fait actuelle, avant de connaître la lumière. C'est pour cela que l'air sera pour lui une plénitude : le nourrisson ne voit pas clair mais il respire déjà, il a déjà des rapports d'amour avec sa maman. Le tout-petit a conscience de l'air avant de connaître la lumière et aussi avant de prendre conscience de tous les mouvements et gestes du vivant, avant de connaître l'extériorité et la division.

Ceci nous ramène au récit de la Genèse : au commencement, c'est l'Esprit de Dieu qui plane sur les eaux, donc il y a l'air avant tout, puis Dieu crée la lumière, mais sans qu'il y ait encore d'objet. Il y a une logique de l'amour différente de la logique de la raison, et toute l'Écriture a bien été donnée dans cette logique de l'amour. C'est bien par et dans la conscience de l'air que le tout-petit a sa première connaissance de la lumière sous le signe d'un milieu à la fois lumineux et vivifiant. C'est par l'air que lumière et vie sont unifiées.

2. *La lumière.* La lumière est donc connue d'abord par le tout-petit comme un milieu universel, à la fois lumineux et chaud, comme un milieu de connaissance et de vie. Et c'est grâce à la lumière et à ses ombres qu'il découvre les

premiers objets et les premières activités. Dans la lumière, le tout-petit découvre le ciel ; c'est pourquoi le « ciel » est un mot qui a une si forte résonance en nous, il est lié à la lumière, comme milieu universel. Ce n'est qu'après avoir connu le ciel que le tout-petit connaît la terre. Et la terre n'est pas connue d'abord par le tout-petit comme la terre ferme et solide, qu'il expérimentera comme lieu de résistance quand il commencera à marcher, mais tout d'abord comme l'ombre par excellence, comme la nuit par rapport à la lumière.

3. *La vie*. Nous avons vu que la conscience d'amour supposait une motion directe de Dieu, non pas par mode d'efficience ou de motricité, comme si Dieu mettait en branle notre conscience de l'extérieur (comme les activités extérieures, elles, le font, ou même la maman par rapport à la conscience de son enfant), mais par mode d'*inspiration*. Cette motion inspiratrice de Dieu attire de l'intérieur les puissances excitées et mues de l'extérieur à travers les sensations provoquées par le toucher (le contact du tout-petit avec la maman, le contact avec l'air et les éléments environnants). C'est cette motion intérieure, inspiratrice, qui unifie les facultés spirituelles d'intelligence et de volonté et le sens du toucher en une communion d'amour.

Le tout petit enfant découvre les différentes positions de son corps quand il commence à bouger, à apprendre à être assis, debout ou couché. Mais il connaît la vie dans ses mouvements immanents avant de connaître le mouvement, avant de connaître l'extériorité et les contraires. Il se connaît comme un organisme vivant sous le signe de l'espérance avant que ce soit sous le signe de la lutte. Et même avant cet aspect de l'espérance, il connaît seulement la joie et la paix, fruits de l'amour, ou bien l'angoisse, qui est la privation d'amour.

A ce moment-là, le petit enfant n'a pas encore d'imagination. Ce sont les psychologues qui, raisonnant comme des adultes, prétendent que l'enfant se met à marcher parce qu'il a envie de découvrir le monde. Ce n'est pas exact profondément. Pour que le petit enfant se mette à marcher, pour qu'il quitte les genoux de sa mère et tout son monde de sécurités, il lui faut surtout une confiance très grande. C'est tellement émouvant de voir sa joie quand il s'élance vers son papa, en dominant sa peur, sa joie après avoir fait confiance ! Et c'est profondément vrai au plan de l'amour : savoir faire confiance à une personne, qui nous demande peut-être pour cela de prendre un risque, c'est le moyen qui permet à notre amour de se développer, et c'est cela qui nous donne l'espérance.

L'unité substantielle de notre personne

Une des grandes questions de la philosophie est de savoir ce qui maintient l'unité de notre personnalité, ce qui fait qu'à travers toute notre vie nous restons consciemment la même personne. La vie humaine a en effet une unité toute spéciale, bien qu'elle connaisse une évolution et une progression. Il y a une sensibilité de l'adolescence par exemple, ou de la vieillesse. Mais on reste toujours la même personne. On sent même que le meilleur de soi s'est toujours approfondi. Comme les psychologues le disent eux-mêmes, l'homme le plus équilibré est celui qui garde tout un aspect de son enfance, de sa jeunesse, mais qui est d'autre part tout à fait mûr dans ses réalisations. C'est celui enfin qui parvient à la vieillesse en trouvant en elle un équilibre nouveau, en voyant comment elle peut être un sommet et en l'acceptant pleinement, au lieu de s'accrocher vainement aux activités de l'âge mûr. Il y a en même temps diversité et unité dans notre personne.

Freud nous a fait découvrir un peu mieux que la conscience humaine commence dès le tout premier âge. Les angoisses d'un adulte peuvent tirer leur origine dans l'enfance et même dans la toute petite enfance Avant même sa naissance, la façon dont la mère accueille et porte son enfant est primordiale, nous le savons maintenant. Le petit enfant qui ne reçoit pas de sa mère l'affection dont il a besoin peut s'en ressentir toute sa vie.

Tout cela nous montre bien la continuité de la conscience humaine, qui, contrairement à ce que l'on pensait autrefois, commence bien avant la conscience de raison. Cela montre aussi l'importance de la toute première éducation : on aurait souvent tendance à considérer les premières données que le tout petit enfant acquiert comme quelque chose de rudimentaire – de « primaire » avec tout ce que ce terme peut avoir de péjoratif par rapport à l'école « secondaire » ou « supérieure » – comme des données frustes et grossières... Ce sont peut être les données les plus « primaires » mais par le fait-même les plus fondamentales, et elles s'approfondiront tout au long de la vie.

Les recherches physiologiques actuelles, celles du docteur Lejeune en particulier, vont tout à fait dans le même sens, en montrant que le corps de l'homme depuis l'embryon est spécifiquement humain et tout à fait différent de celui des animaux, et que les données génétiques du départ demeurent tout au long de la vie. Le corps de l'homme est un mystère, comme sa conscience d'amour. Nous pouvons l'approcher le plus près possible, découvrir un peu les différentes richesses contenues dans cette conscience d'amour, mais nous ne pouvons pas en donner une définition, parce que c'est une donnée première. Nous ne pouvons l'expliquer que comme un effet propre de Dieu.

Le corps humain a été créé d'une façon tout à fait particulière et spécifique à l'homme, intimement lié à son âme. Ce qui caractérise justement la conscience d'amour, c'est d'unir le corps et l'âme. Il ne peut pas y avoir de réelle communion dans l'amour sans que le corps n'intervienne ; il ne suffirait pas, par exemple, qu'une maman fasse de beaux discours à son tout-petit pour lui prouver son amour. C'est par sa tendresse effectivement manifestée qu'elle le rejoint dans sa conscience d'amour.

Cette conscience d'amour du tout-petit est la source substantielle, si on peut dire, de toute sa vie consciente et libre. C'est elle qui maintiendra l'unité substantielle de sa vie consciente à travers toutes les étapes de sa vie.

Nous retrouvons donc dans l'amour même cette notion de *substance*, capitale en philosophie (on peut dire que tous les philosophes se partagent entre ceux qui admettent la substance et ceux qui ne l'admettent pas). L'amour possède en effet quelque chose de substantiel qui le distingue beaucoup des affections profondes, celles-ci se plaçant au plan des qualités, de même que l'agressivité. Il y a en nous une source beaucoup plus profonde, qui constitue notre personne, un noyau substantiel et par le fait même indépendant des questions d'espace et de temps, des classes ou des professions différentes et de toutes sortes de contingences extérieures.

Cette conscience d'amour du tout-petit est donc bien capitale puisqu'elle est le noyau de notre personne, qui maintient son unité. Mais s'y ajouteront aux différents âges de la vie de nouveaux dons de Dieu. Ce serait une erreur de croire que tout est donné à l'origine et que tout se déroule pendant une existence selon une espèce de logique. Il y a un seuil par exemple entre l'enfance et l'adolescence. Quelque chose de tout nouveau apparaît avec l'adolescence, même si cela vient toujours de la première source. Et une nouvelle forme d'amour, un amour de feu, vient habiter le cœur de l'homme à l'âge où il peut se donner.

Grâce à ce noyau substantiel, on peut parler de progrès, de croissance et de formes différentes dans l'amour. Saint Jean les explicite très bien dans ses écrits : l'amour est lumière (Jn 8,12 ; I Jn 1,7 ; 2,10), il est paix (Jn 14,27 ; 16,33). L'amour est aussi présenté sous l'aspect de l'eau vive (Jn 4,14 ; 7,38), de la parole qui est pain de vie, pain d'amour (Jn 6,33-58) : c'est tout l'aspect de la vie. Enfin l'amour est feu avec tout le point de vue de l'amour des époux (Jn 3,29) : amour extatique, feu qui tire les personnes hors d'elles-mêmes dans une espèce d'excès - ce dernier aspect n'apparaissant pas chez le tout petit enfant.

Apparition du « moi »
et conscience de foi et d'espérance

La conscience d'amour constitue le noyau de notre personne, beaucoup plus profondément que le « moi » captatif, dominateur et jouisseur. Ce « moi », nous le verrons, est formé d'un faisceau d'instincts organisés et structurés par l'imagination et l'agressivité, il devient prédominant dans la conscience immédiate dès que l'enfant commence à se tenir debout et à se mouvoir par lui-même, dès qu'il devient par là-même un petit « animal » qui bouge et peut par lui-même chercher à satisfaire ses besoins de vie.

Le « moi », en apparaissant dans la conscience humaine, refoule sous le seuil de la conscience immédiate la conscience d'amour qui unifiait tout chez le tout petit enfant. La conscience d'amour n'apparaîtra plus alors que sous la forme d'affections profondes. L'enfant commence alors à être divisé et tiraillé entre deux faisceaux de tendances diverses : d'une part les aspirations et les affections profondes qui sont inspirées par sa conscience d'amour, qui l'inclinent à la docilité et à la générosité et qui constituent ses bonnes inclinations naturelles ; et d'autre part ses instincts de vie qui forment son « moi » agressif et égoïste, exalté par une imagination rêveuse ou craintive.

La piété naturelle, c'est-à-dire les affections profondes qui rendent l'enfant docile à ses parents et à la nature, sont habituellement prédominantes sur la révolte avant l'éveil de la raison et même jusqu'à l'aube de l'adolescence. Mais, avant que ce « moi » ne soit vraiment constitué, la conscience d'amour du tout petit enfant s'est elle-même développée en deux directions : en une conscience d'espérance et en une conscience de foi.

L'espérance est plus profonde en nous que l'agressivité et la foi plus profonde que la curiosité. L'agressivité et la curiosité se rattachent en effet aux instincts de vie, l'espérance et la foi au contraire s'enracinent dans la conscience d'amour. Elles sont les deux dispositions foncières qui mettent toute notre vie individuelle en harmonie avec les autres.

L'espérance apparaît chez le tout petit enfant bien avant la foi, en même temps que l'amour, ou immédiatement après lui, mais intimement liée à lui. Le tout-petit en effet ne peut vivre sans l'aide de sa maman ou de la personne qui s'occupe de lui. Sa maman est vraiment pour lui le sauveur, l'assistante aimée et aimante, qui le secourt dans tous ses besoins vitaux, qui le protège et le défend en tout malheur. C'est bien dans cette conscience d'un amour secourant que le tout-petit a connaissance de l'aide de sa mère.

Dans la conscience d'amour du tout-petit, n'est-ce pas l'espérance, sous forme de confiance aimante, qui est comme l'attitude habituelle la plus consciente ? Dès son premier cri, le tout-petit a été mis au contact d'un univers où il a fait sa première expérience de l'air libre ; mais il y a découvert aussi, ou pressenti, les obstacles cachés qui menacent son existence. La vie lui apparaît peut-être plus comme une lutte incessante pour subsister que comme un épanouissement et une croissance paisibles. Mais il n'est pas seul dans sa faiblesse : il trouve en sa maman une compagne, une assistante, et c'est par et dans une conscience d'amour vécue en étroite union avec elle qu'il découvre et expérimente la vie.

Quant à la *foi*, elle naît dans la conscience du tout-petit quand il commence à nommer. Nous concevons les noms comme la manière d'exprimer nos concepts. Mais il faut découvrir qu'il y a des noms d'amour, et que le nom est d'abord un substitut pour appeler quand on n'a pas la présence. Le petit enfant prononce d'abord les noms des différentes personnes qui l'entourent et qui l'aiment, et les noms substantifs sont les premiers.

C'est bien quand il commence à prononcer les différents noms que sa maman lui apprend que la conscience de foi se développe chez le petit enfant, à l'intérieur de sa conscience d'amour. Il faut bien en effet que le tout-petit croie ce que sa maman lui dit pour acquérir le langage qu'il commence à apprendre auprès d'elle. Il faut bien qu'il ait confiance en elle pour que ses noms aient une signification. C'est le premier exercice de la foi. Le tout-petit enfant commence donc bien à parler bien avant que sa conscience de raison n'apparaisse, dans cette conscience d'amour et de foi qui lui est tout à fait caractéristique.

La toute première éducation

La toute première éducation doit donner à l'enfant le triple fondement dont il a besoin : elle est tout d'abord *une éducation physique de continence et de tempérance*, puis elle est *une éducation physique et psychique de force* – en théologie, les deux vertus de tempérance et de force sont liées à l'espérance ; enfin elle est *une éducation de docilité et d'obéissance* dans l'apprentissage du langage.

La maman doit d'abord apprendre à son tout-petit à régler ses besoins naturels, à y mettre un rythme, une harmonie. Cette éducation se fait dans l'amour. Tandis que la maman apprend à son petit enfant à être propre, il y a un rapport qui s'établit entre eux, et le tout-petit sent bien la joie de sa maman quand il s'est retenu ou s'est abstenu. Il apprend la tempérance physiquement, dans son être, pour en un sens faire plaisir à sa maman. Et d'autre part ces actes de nature, qui sont chez lui tellement naturels, purs et limpides, ne sont pas réalisés d'une façon seulement physique, mais dans une conscience d'amour.

Combien la vie de l'homme est différente de celle du petit animal ! Un enfant qui n'est pas du tout éduqué, que sa maman nourrit à n'importe quelle heure, n'aura jamais de volonté et ne pourra pas se développer harmonieusement. Dieu nous a créés pour être des signes d'amour, c'est le grand mystère de notre nature humaine et c'est pourquoi nous prenons toutes ces données premières sous le signe de l'amour.

Ce qui est valable pour la tempérance l'est encore bien plus pour la force, que le tout-petit acquiert dans l'apprentissage des différentes attitudes humaines. Que d'efforts pour apprendre à marcher et à s'asseoir, pour apprendre les différentes positions de la vie humaine ! Un tout-petit n'a pas « naturellement » ces positions humaines, il doit apprendre à marcher sur ses deux jambes alors que le petit animal trotte naturellement sur ses quatre pattes...

Or, en regardant au point de vue de l'amour cet apprentissage de la marche chez le tout petit enfant, on s'émerveille de voir les risques qu'il prend sous le regard encourageant de ses parents ! C'est souvent à ce moment-là qu'il découvre le plus son père et ce qu'apporte le père par rapport à la mère. Car le papa est plus audacieux que la maman, il aime jouer avec son enfant en lui faisant prendre des petits risques, alors que la maman aurait souvent trop peur...

Le petit enfant découvre qu'un certain risque est nécessaire pour faire confiance à une personne. Il suffit pour cela d'observer cette espèce de joie du premier pas, quand il se précipite vers son papa qui lui tend les bras. On peut la comprendre comme la joie de la réussite, si on raisonne en adulte, mais notre regard peut changer totalement s'il se met à la lumière de l'amour.

Nous retrouvons ici toute la pédagogie de la vie théologale : il est quelquefois tellement bon d'avoir senti un petit peu d'angoisse et de préoccupation pour que le Bon Dieu nous redonne sa confiance ! Sans effort et sans angoisse, il y a toute une force de l'amour qui n'existerait pas.

Cette éducation se fait dans l'amour, par et dans cette conscience d'amour, s'épanouissant en une conscience d'espérance en l'aide des autres et de foi en leur autorité d'amour. Il est donc très important de voir que la foi et l'espérance, dans notre conscience humaine, sont des attitudes foncièrement et spécifiquement humaines, naissant dans l'amour, avant même que le « moi » n'apparaisse. C'est bien par là que cette éducation se distingue radicalement d'un dressage : le dressage se contente de modifier et de canaliser les instincts de l'animal. L'éducation humaine, au contraire, doit aider la nature en ses aspirations les plus profondes. Elle rejoint cette source d'amour, de foi et d'espérance, qui fait que chaque homme, fondamentalement, est à l'image de Dieu.

DU MÊME AUTEUR

- Edités à l'Arche :

Père, je te rends grâce
Car tu as du prix à mes yeux
Dieu s'est réservé la sagesse du cœur
Je ne vous laisserai pas seuls
Les nouvelles paroisses de pauvres
Le cœur de Dieu, le cœur de l'homme
Qui est ma mère ?
La vie cachée de Marie
Les âges de la vie :
    L'enfance
    L'adolescence
    L'âge adulte
    La vieillesse
Les sacrements
Les desseins d'amour de Dieu sur l'homme

- Editions des Béatitudes :

Fidélité au Saint-Esprit

TABLE DES MATIÈRES

Achevé d'imprimer en février 2008
sur les presses de Ediprint France
53940 Saint-Berthevin
Dépôt légal : février 2008